$L6.\overset{43}{}124.$

LA SUPÉRIORITÉ
DE LA CONSTITUTION
DE L'AN VIII
SUR CELLE DE L'AN III,

OU

LA CONSTITUTION
DE L'AN VIII

COMPARÉE AVEC CELLE DE L'AN III.

PAR le citoyen DOCHE-DELISLE, Directeur des Contributions du Dép.t de la Charente.

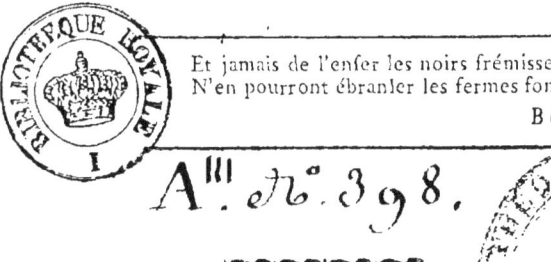

Et jamais de l'enfer les noirs frémissemens
N'en pourront ébranler les fermes fondemens.
BOILEAU.

A ANGOULÊME,

Chez F.s TRÉMEAU, Imprimeur de la Préfecture.

AN IX.

Cet Ouvrage se trouve chez F.ˢ TRÉMEAU, Imprimeur de la Préfecture, rue des ci-devant Cordeliers, N.° 900.

AVANT-PROPOS.

Quels sont ceux à qui la France doit sa liberté ? Quels sont ceux qui, au milieu des orages révolutionnaires, ont le mieux mérité de la Patrie ?

C'est le philosophe qui a éclairé son siècle.

Ce sont les braves qui, au prix de leur sang, ont défendu leur pays contre ses ennemis intérieurs et extérieurs.

C'est cette classe intéressante livrée à l'agriculture, le laborieux cultivateur, qui, privé de ses enfans, a doublé ses travaux et ses sueurs pour le nourrir.

C'est le Magistrat, le simple Citoyen, qui, sans ambition, et ne consultant jamais son intérêt personnel, n'a eu pour but que la gloire de la République, le bonheur de ses concitoyens, celui de l'humanité entière.

Etrangers aux partis et aux factions, ils n'ont regretté ni une monarchie despotique, ni une monarchie constitutionnelle, qui ne convenaient plus à la dignité du peuple français.

Ils ont gémi sous le sanguinaire régime de 1793, et abhorré cette époque désastreuse qui était l'absence de tout gouvernement.

Ils se sont attachés à la Constitution de l'an 3, ils l'avouent avec gloire, parce qu'elle faisait cesser des désordres affreux, parce qu'elle était basée sur des principes qui constituent une république.

Mais ils ne se sont pas aveuglés au point de ne pas voir dans son organisation les vices à l'aide desquels les partis et les factions usurpaient la souveraineté du peuple, au point de ne pas être convaincus par l'expérience de quatre années, que la République était chaque jour entraînée vers sa ruine.

Attachés aux principes constitutionnels, ils desiraient une organisation qui en assurât le maintien.

La Constitution de l'an 8 a paru, et elle a rempli l'attente générale.

En conservant les principes immuables et éternels gravés dans le cœur de tous les Français, elle a présenté l'organisation qui seule pouvait en assurer le maintien, faire cesser les désordres sur lesquels on gémissait, et donner au Gouvernement républicain la stabilité, la force, la confiance qui lui étaient nécessaires. L'immense majorité des citoyens s'est donc ralliée à elle, et l'expérience d'une seule année a surpassé toutes les espérances.

Quels adversaires peut-elle donc avoir aujourd'hui ?

Quelques-uns de ceux qui, favorisés sous le Gouvernement monarchique, regrettent leurs privilèges et les distinctions lucratives ou honorifiques qu'ils ont perdus.

Ceux qui, sous l'exécrable régime de 1793, ne vivaient que de désordres et de crimes.

Enfin, une partie de ceux qui, sous la Constitution de l'an 3, abusant de la souveraineté du peuple, la tournaient au profit de leur ambition, et qui, accablés par leur nullité, ne peuvent voir une République là où ils ne sont que simples citoyens.

Ce ne sont pas ces hommes que j'espère convaincre de la supériorité de la Constitution de l'an 8 ; mais je ramènerai ceux qui parmi eux ne sont qu'égarés. J'empêcherai que les citoyens paisibles ne soient induits en erreur, en les mettant en état de juger les adversaires de la Charte conservatrice des droits du peuple. Tel est l'objet de l'ouvrage que je présente à mes concitoyens.

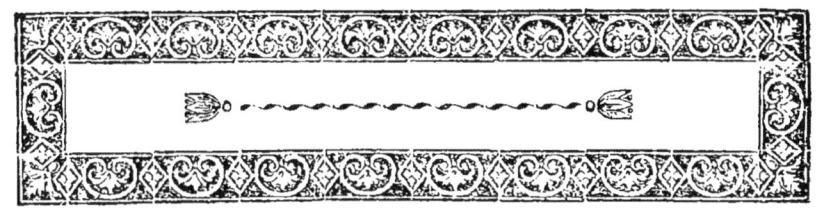

LA SUPÉRIORITÉ
DE
LA CONSTITUTION DE L'AN VIII
SUR CELLE DE L'AN III.

Qu'est-ce qu'une Constitution ?

C'est l'expression de la volonté générale.

C'est le pacte d'après lequel les hommes réunis en société ont voulu être régis.

C'est la base des lois réglementaires qui doivent la suivre.

C'est le titre commun des gouvernans et du peuple.

Qu'a voulu le Peuple français ?

Un gouvernement républicain, fondé sur le système représentatif, qui n'admît aucun privilége, aucune distinction, aucune hérédité dans les magistratures, et dans lequel tout émanât de sa volonté et de sa puissance.

Tels étaient les principes fondamentaux de la Constitution de l'an 3.

Tels sont ceux de la Constitution de l'an 8.

A

La différence qui existe entre elles n'est pas dans les principes, mais dans les moyens d'en assurer le maintien.

La Constitution de l'an 3 avait erré dans la combinaison des rouages.

Celle de l'an 8, au contraire, a établi le mécanisme le plus parfait.

Le droit d'élire ses magistrats, donné au peuple par la Constitution de l'an 3, était illusoire.

Il est réel par celle de l'an 8.

Sous la Constitution de l'an 3, le droit d'élection était devenu le patrimoine des partis et des factions.

Sous celle de l'an 8, il est tout entier dans les mains du peuple.

Par la Constitution de l'an 3, le peuple n'était point garanti des erreurs inséparables des élections populaires.

Par celle de l'an 8, ses choix s'épurent, et chacun est appelé aux fonctions auxquelles il est propre.

La Constitution de l'an 3 n'avait établi aucun pouvoir conservateur de ses droits.

Il existe par celle de l'an 8, et il est tel que la conservation des principes constitutionnels est assurée.

Par la Constitution de l'an 3, le Corps législatif et le Gouvernement, créés indépendans l'un de l'autre, se paralysaient mutuellement par le droit exclusif appartenant à chacun.

Par celle de l'an 8, ils ne peuvent empiéter l'un sur l'autre, et la ligne de démarcation de leurs pouvoirs est telle, qu'il ne peut exister aucune lutte entr'eux, que l'instabilité n'est plus à craindre, que l'adoption des mesures désastreuses ne peut plus avoir lieu.

Par la Constitution de l'an 3, le Gouvernement était sans force, sans confiance.

Par celle de l'an 8, il a toute celle qui lui est nécessaire pour faire le bien.

Ainsi, l'organisation nouvelle coïncide parfaitement avec les principes; ainsi, l'action est une, la distinction des pouvoirs sagement établie, et tous les rouages parfaitement d'accord tendent au même but.

Il n'est pas besoin, sans doute, du secours du raisonnement, pour prouver la supériorité de la Constitution de l'an 8 sur celle de l'an 3; il suffit de comparer l'état actuel de la République, à celui qui a précédé le 18 brumaire.

La tranquillité rétablie dans l'intérieur.

Les citoyens qui n'étaient qu'égarés, réunis entr'eux et ralliés au Gouvernement.

La guerre de la Vendée éteinte par la seule confiance et sans effusion de sang.

Le crédit public rétabli.

Le commerce sortant de l'état d'anéantissement où il était.

Les partis comprimés.

Les brigands poursuivis et atteints.

Les injustices réparées.

Le crime puni.

Le droit de propriété redevenu sacré.

La vertu et la valeur protégées.

Les finances améliorées.

Les mesures désastreuses abolies.

Nos armées partout victorieuses.

Une partie des puissances retirée de la coalition.

Les alliés de la République resserrant plus étroitement les liens qui les unissent à elle.

Le nom Français et son gouvernement respectés.

La paix sur le point d'être conclue.

Tel est le tableau fidèle qu'offre la situation actuelle de la République.

Oui, sans doute, ce changement étonnant est dû au Gouvernement que la Constitution de l'an 8 a créé.

Jamais sous celui de l'an 3 on n'eût pu l'espérer; l'expérience de quatre années l'a assez prouvé.

A l'époque, surtout, où le Gouvernement actuel a pris les rênes de l'administration, la République était dans un état de dissolution prochaine, le génie de la République la soutenait seul sur les bords du précipice.

Les autorités constituées divisées entr'elles, agitées dans leur propre sein, empiétant les unes sur les autres, s'entravant mutuellement, passant sans cesses d'une fausse mesure à une plus désastreuse.

La liberté, la sûreté publique et particulière à chaque instant violées.

Dans ce désordre général, l'homme de bien égaré lui-même.

La confiance et le crédit entièrement bannis.

La bonne foi publique partout violée.

Le commerce anéanti.

Les marchés les plus onéreux ajoutant à la pénurie du Trésor public.

Le mécontentement général.

Chacun tremblant pour sa liberté, sa fortune et sa vie.

Un grand nombre de départemens, en proie aux horreurs de la guerre civile, détachés pour ainsi dire de la République.

Le vol, le brigandage et l'assassinat organisés de toutes parts.

Les partis et les factions toujours en présence.

Des administrations sans force et sans moyens.

Les finances dans un état si déplorable, qu'elles pouvaient à peine suffire aux besoins du service le plus urgent.

Nos armées manquant de tout.

L'ennemi menaçant notre territoire.

Nos alliés incertains.

Et pour comble de calamités, chaque remède ajoutant à nos maux, et devenant un poison pour l'ordre social.

Gloire à la Constitution de l'an 8, qui nous a sauvés du péril! Honneur au génie qui a opéré cette heureuse régénération! Honte éternelle à ses détracteurs.

Mais le plus grand nombre n'est qu'égaré, il suffit de les éclairer, et leurs craintes seront dissipées, et ils s'empresseront de se rallier à la Constitution, à cette charte conservatrice de la liberté et des droits du peuple.

Je l'ouvre, et je lis :

« La République française est une et indivisible ».

Voilà donc un gouvernement républicain ?

Le vœu du peuple français est donc rempli ?

Je cherche nos droits, et j'y vois que « Tout homme né et résidant en France, qui, âgé de 21 ans accomplis, s'est fait inscrire sur le registre civique de son arrondissement communal, et qui a demeuré depuis pendant un an sur le territoire de la République, est citoyen français ».

L'égalité des droits est donc établie, toute distinction de naisssance, tout privilège sont donc abolis !

Celui-là seul est exclus du titre de citoyen français, qui y a renoncé volontairement, ou qui s'est rendu coupable de quelque crime.

Qu'y avait-il à cet égard de plus formel dans la Constitution de l'an 3 ? Rien sans doute.

L'exercice du droit de cit. français était au contraire subordonné à des conditions telles, que celle de savoir lire et écrire, exercer une profession mécanique, être propriétaire ou usufruitier d'un bien de tel ou tel revenu, suivant la population de la commune qu'on habitait.

Mais, par la Constitution de l'an 3, le peuple avait le droit d'élire ses magistrats.

Il l'avait, oui sans doute ! mais ce droit n'était qu'illusoire.

Il l'a aussi par celle de l'an 8, mais ce droit est réel, il est facile de le prouver.

Sous la Constitution de l'an 3, le peuple nommait en assemblées primaires,

Ses administrateurs municipaux, ses juges

de paix, leurs assesseurs et les électeurs.

En assemblées électorales, il nommait, *par ses électeurs*, les Législateurs, les Hauts-jurés, les Administrateurs de département, les Juges du tribunal de cassation, et ceux des tribunaux civils et criminels.

Et le Corps législatif, faisant les fonctions d'assemblée électorale, au nom de la nation, nommait les membres du Gouvernement.

Sous celle de l'an 8, le peuple désigne, par ses suffrages, ceux de ses concitoyens qu'il croit les plus propres à gérer les affaires publiques, et cette liste de confiance comprend un nombre de noms égal au dixième du nombre des citoyens ayant droit d'y coopérer.

Les citoyens compris dans cette première liste, désignent également un dixième d'entre eux, et forment une seconde liste, dite départementale.

Enfin, les citoyens compris dans la liste départementale, désignent pareillement un dixième d'entr'eux, et il en résulte une troisième liste, dite nationale; c'est sur cette dernière liste que le Sénat conservateur élit les Législateurs, les Tribuns, les Consuls, les Juges de cassation, et les Commissaires à la comptabilité.

C'est enfin parmi les citoyens compris sur ces listes, que le premier Consul nomme les autres fonctionnaires publics.

Savoir : ceux de l'arrondissement sur la première liste, et ceux de département sur la seconde.

Quant au Sénat conservateur, les quatre

premières autorités concourent à sa formation ; c'est le Sénat conservateur lui-même qui choisit entre trois candidats présentés, le premier par le Corps législatif, le second par le Tribunat, et le troisième par le premier Consul.

Il ne choisit qu'entre deux candidats, si l'un d'eux est proposé par deux des trois autorités présentantes ; il est tenu d'admettre celui qui serait proposé à la fois par les trois autorités.

Comparons maintenant ces deux modes d'élection ; et d'abord nous remarquerons que sous la Constitution de l'an 3, le peuple ne nommait directement que ses Administrateurs municipaux, ses Juges de paix et leurs assesseurs, que le droit d'élire tous les autres fonctionnaires publics supérieurs était délégué aux électeurs ; enfin, que celui de nommer les membres du Gouvernement appartenait au Corps législatif.

Par la Constitution de l'an 8, au contraire, le *peuple* nomme directement tous les fonctionnaires publics, et il n'y a de délégué que le droit de choisir parmi ceux qu'il a investis de sa confiance.

Nous demanderons ensuite si l'on peut dire avec bonne foi que sous la Constitution de l'an 3, c'était le peuple qui faisait les élections ?

Et en effet, qui peut nier que presque partout l'intrigue, la cabale, les menées les plus odieuses dirigeaient les assemblées primaires et électorales ?

Dans les assemblées primaires rurales, le peuple prenait peu de part aux élections ; à peine ces assemblées étaient-elles formées de la trentième partie des citoyens qui avaient le droit d'y voter, et encore la plupart y étaient-ils entraînés par quelques ambitieux dont ils venaient favoriser l'élection.

D'un autre côté, les suffrages dictés aux scrutateurs par ceux qui ne savaient ni lire ni écrire, étaient souvent contraires au choix du votant.

Les assemblées primaires des villes, où l'ambition et l'intrigue étaient plus puissantes, présentaient le spectacle de différens partis luttant l'un contre l'autre; ceux qui avaient le plus d'influence les dirigeaient, et la victoire restait au plus adroit, à celui qui avait su captiver et séduire le plus nombreux.

Que pouvaient être des assemblées électorales formées de pareils élémens? L'expérience l'a appris : c'était une arène, où chaque parti cherchait à prévaloir; c'était là que toutes les passions, toutes les haînes, toutes les intrigues se développaient; c'était là que les moyens les plus odieux étaient mis en pratique. Médisance, calomnie atroce, louanges exagérées, manœuvres astucieuses, voies de fait, violence, tout était employé. De là des troubles, des divisions, des haines éternelles; c'était là que chaque faction cherchait à grossir son parti; c'était là, en un mot, que se creusait chaque année le tombeau de la République et de la Liberté.

La méfiance et la division étaient telles que l'intrigue ne pouvant être repoussée que par l'intrigue, chaque parti regardait comme légitimes tous moyens qui pouvaient faire échouer celui qu'il croyait ennemi du bien public.

Le vaincu irrité de sa défaite, se préparait à une nouvelle lutte pour les élections prochaines; dans l'intervalle, il mettait tout en œuvre pour accroître ses forces, et chaque année présentait un désordre aussi affligeant.

En fallait-il davantage pour désunir les citoyens, les armer les uns contre les autres, et tenir la France toujours en révolution?

C'est ainsi qu'aux diverses époques d'élections, les choix ont été si disparates; c'est ainsi que les autorités constituées se composaient d'élémens aussi hétérogènes; c'est ainsi que les partis se formaient, qu'une opposition constante, une diversité d'opinions, une méfiance générale étaient sans cesse fomentées, alimentées et soutenues. C'est ainsi que le bien était impossible, que celui qui avait les intentions les plus droites, était égaré, et entraîné hors des limites de la raison et de la sagesse.

La Constitution de l'an 8, au contraire, non seulement conserve au peuple le droit d'élection inhérent à sa souveraineté, mais elle le lui assure réellement.

Non seulement elle le consacre, mais elle lui donne un moyen assuré d'appeler chacun aux fonctions auxquelles il est propre.

Non seulement elle a respecté ce droit, mais elle y a ajouté la plus belle des prérogatives, celle de rectifier les choix, en retirant de la liste ceux qu'il ne croit pas devoir y maintenir.

Aujourd'hui, le peuple n'a plus à craindre ni l'usurpation de son droit, ni les erreurs qui en sont inséparables; il est à l'abri de l'intrigue et des factions.

Par le mode établi, chacun n'est appelé qu'aux fonctions qu'il est en état de remplir. La formation des différentes listes opère cet heureux classement. C'est une espèce d'épuration qui devient encore plus parfaite par le choix que le sénat conservateur ou le premier Consul ont le droit de faire; et si, malgré tant de précautions, l'erreur parvenait encore à se glisser, le peuple retire de la liste; et dès-lors le fonctionnaire public cesse de l'être, fût-il même à vie; car la nomination à vie est subordonnée au maintien sur la liste.

Jamais la sagesse humaine ne pouvait aller plus loin, dans la combinaison des moyens qui assurent à un grand peuple le droit d'élire ses magistrats.

Vainement on chercherait à confondre le droit attribué au sénat conservateur et au premier Consul, avec le droit d'élection.

En effet, ce droit est même au-dessous de celui que la Constitution de l'an 3 avait attribué aux assemblées électorales et au corps législatif. Car ils pouvaient choisir indistinctement parmi tous les citoyens, et le choix du sénat conservateur ainsi que celui du premier Consul, sont bornés à ceux qui sont compris dans les listes.

Ce droit n'est donc que celui d'appeler ceux que le peuple a élus, de les investir du caractère dont il les a jugés dignes, de choisir parmi eux les plus capables, enfin de placer chacun au poste dans lequel il peut être utile.

Et qui mieux que les chefs du Gouvernement, peut mettre chacun à sa place, juger de l'importance du poste à remplir, et des talens qu'il exige ? Eux seuls connaissent l'ensemble de la vaste administration qu'ils dirigent : ici tel homme est utile, là tel autre; ici un législateur, là un jurisconsulte ; ici un financier, là un administrateur.

Un tel classement pouvait-il être fait par des assemblées particiles, par une multitude d'hommes dont la plupart ignorent et les talens du candidat et ceux qu'exige le poste à remplir ? Pouvait-il d'ailleurs être fait par des assemblées, influencées par les partis, maîtrisées par les factions, au milieu des orages et des agitations tumultueuses qu'elles produisent ?

Un candidat était mis en avant, il lui fallait une place, n'importe laquelle, législateur, juge, administrateur, financier, il était propre à tout, ou pour mieux dire, tout lui était bon ; et si les assemblées électorales eussent nommé des généraux, l'homme vanté, l'idole et l'espoir de son parti, était un Turenne, un Moreau, un Bonaparte.

Que pouvait-il résulter de choix ainsi faits ? Une instabilité dans les principes de législation et de gouvernement, un désordre général dans l'administration, une lutte continuelle de partis.

Les premières autorités divisées par la disparité d'opinions ; la discorde et le trouble dans leur propre sein ; dirigées par les factions, influencées par les partis, chacun de ceux qui les composaient alternativement, entraînés dans des pièges, se détruisant, se décimant réciproquement ; toutes les propositions utiles combattues et écartées, les mesures désastreuses adoptées.

Les autorités secondaires présentant le même tableau de discorde et d'opposition.

Enfin, semblable aux corps qui rendent par réflexion les objets qu'on leur présente, l'esprit de discorde qui existait dans les autorités constituées réfléchissait dans les départemens et divisait les citoyens.

Mais je vais plus loin, et j'admets pour un instant que les élections faites dans les assemblées primaires et électorales fussent l'ouvrage du peuple.

Son droit d'élire était-il à l'abri de toute espèce d'atteinte ?

Non sans doute, car la validité de ses opérations était soumise au Corps législatif.

Et d'un autre côté le Directoire avait le droit de destituer les administrateurs.

Or, comment l'un et l'autre ont-ils usé de ce droit ? Comment pouvaient-ils en user, divisés comme ils l'étaient ?

On n'a pas oublié sans doute deux époques remarquables, le 18 fructidor an 5, et le 22 floréal an 6.

A la première, des élections déclarées valides par un premier acte législatif furent annullées, et des élections annullées furent déclarées valides.

A la seconde, les opérations d'un grand nombre de départemens furent annullées en masse, on fit plus, on choisit parmi les élus d'un même département.

On n'a pas oublié non plus les nombreuses destitutions prononcées par le Directoire. Aujourd'hui un administrateur était destitué, demain réintégré.

Et d'où provenaient de semblables détermi-

B

nations? De l'influence des partis alternativement dominans : chacun cherchait à écarter ceux qu'il croyait lui être contraires, et c'était toujours le salut public qui motivait de semblables mesures.

Le peuple n'avait donc, sous quelque rapport qu'on l'envisage, que la vaine apparence, l'image illusoire du droit d'élection?

Dans ce désordre affligeant, où était le remède? où était la garantie du peuple? où était la balance des pouvoirs? Quelle était la puissance qui pût faire rentrer les autorités dans la ligne constitutionnelle, et assurer au peuple l'exercice de ses droits?

Elle n'existait nulle part.

La Constitution de l'an 8 l'a créée; c'est le Sénat conservateur,

Composé d'hommes revêtus de la confiance publique, et que leur ont méritée des services signalés, exempts des passions que l'ambition peut faire naître, puisqu'ils sont à jamais inéligibles à toute autre fonction publique.

Voilà les dépositaires, les conservateurs de la charte immortelle de nos droits.

Nommés à vie et inamovibles, l'instabilité d'opinion n'en est pas à craindre.

Élus par le concours des quatre premières autorités, la composition de ce corps ne peut être que parfaite.

Telle est l'autorité que la Constitution charge de maintenir ou annuller les actes qui lui sont déférés comme inconstitutionnels par le Tribunat ou par le Gouvernement.

Telle est enfin l'autorité à laquelle la Constitution délègue le droit de choisir sur la liste nationale, les Législateurs, les Tribuns, les Consuls, les Juges de cassation, et les Commissaires à la comptabilité.

Ainsi, tout concorde, tout se lie, tout s'enchaîne par la combinaison la plus parfaite? Ainsi le peuple a la garantie qui lui manquait? Ainsi un pouvoir conservateur existe, et il est organisé tel, qu'il n'a que la puissance du bien.

Dépositaire des droits du peuple, il les conserve et ne peut les anéantir; il les maintient et ne peut les envahir, c'est le Sanctuaire constitutionnel que ni les passions, ni les intrigues de parti ou celles de l'ambition ne peuvent atteindre; c'est le pouvoir qui épure, vivifie et conserve; en un mot, c'est la sauve-garde du peuple, la sagesse nationale.

J'examine maintenant ce qu'était le Pouvoir législatif sous la Constitution de l'an 3, et ce qu'il est sous celle de l'an 8.

Par celle de l'an 3, le Pouvoir législatif était confié à deux conseils, l'un de 500 membres, l'autre de 250.

La proposition des lois appartenait exclusivement au premier.

Il les proposait, les discutait et les adoptait en forme de résolution.

Le second, après les avoir discutées dans la même forme que le Conseil des 500, les approuvait ou déclarait ne pouvoir les adopter.

Ainsi, le Gouvernement chargé de l'exécution des lois, n'avait aucune part à leur formation.

Il pouvait proposer des mesures, mais non des projets rédigés en forme de loi.

Par la Constitution de l'an 8, le Pouvoir législatif réside 1.° dans le Tribunat, composé de cent membres; 2.° dans le corps législatif, composé de trois cents.

Ni le Tribunat, ni le Corps législatif, n'ont la proposition des lois; c'est le Gouvernement qui en présente les projets.

Le Tribunat les discute, il en vote l'adoption ou le rejet.

Le Corps législatif seul fait la loi, en statuant au scrutin secret, et sans aucune discussion de la part de ses membres, sur les projets de lois débattus devant lui par les orateurs du Tribunat et du Gouvernement.

L'homme instruit et sans prévention, aperçoit aisément la supériorité de la Constitution de l'an 8 sur celle de l'an 3, dans l'organisation du Corps législatif, et dans le mode adopté pour la formation de la loi.

Ainsi, un habile artiste n'a pas besoin qu'on lui explique le mécanisme de la machine qu'on lui met sous les yeux; sans qu'elle soit en mouvement, il aperçoit la combinaison des différentes pièces qui la composent, les rapports qu'elles ont entr'elles, et en devine les effets.

Mais mon objet étant de détruire l'esprit de prévention, d'éclairer ceux qui ne se donnent pas la peine d'examiner, comparer et réfléchir, je vais prouver ma proposition.

Le premier vice dans l'organisation du Pouvoir législatif de l'an 3, était de lui avoir attribué exclusivement la proposition des lois.

En effet, quand une loi nouvelle doit-elle être portée ?

C'est lorsqu'elle est reconnue utile.

Or, le Corps législatif, par sa nature, ne pouvant participer à l'exécution de la loi, à l'action du Gouvernement, ne peut apercevoir le vide qui existe dans la législation, le rouage qui manque, celui qui convient ; il ne peut juger ce qu'il doit être, la force qu'il doit avoir, la délicatesse qui lui est nécessaire, la forme qui lui est propre, le temps où il faut l'employer.

Ce n'est donc pas lui qui peut proposer la loi ?

C'est donc le pouvoir qui gouverne, celui qui, chargé de l'exécution, peut seul connaître le mal et les moyens de le guérir ?

Semblable au cœur qui entretient dans toutes les parties du corps le mouvement et la vie, et par une sage combinaison, porte dans les membres engourdis ou paralysés le principe nécessaire pour les y rappeler.

Le Gouvernement, ame de la machine politique qu'il fait mouvoir, peut seul apercevoir ce qui entrave et ce qui peut accélérer sa marche, seul il connaît le remède, seul il doit le proposer.

Admettons qu'il puisse se tromper, le Corps législatif est là avec le pouvoir de ne pas adopter.

Le Pouvoir législatif ayant au contraire le droit exclusif de proposer, discuter et adopter les lois, mille projets sont en avant : il crée sans cesse, et de cette multiplicité de lois, souvent en opposition les unes aux autres, naissent le désordre et la confusion ; l'exécution en est impossible, l'action du Gouvernement en est entravée.

Quel est le remède ? Encore de nouvelles lois. Mais, aussi mal combinées que les premières avec l'ensemble de l'administration, elles ne font qu'accroître le désordre ; de là les mesures désastreuses; de là un bouleversement général; de là une paralysie totale.

Mais le vice n'était pas seulement dans le droit exclusif de proposer la loi; il était dans la cumulation des trois pouvoirs, celui de proposer, discuter et adopter, pouvoirs évidemment incompatibles, puisqu'ils opèrent cet effet que le corps délibérant cesse d'être un. Et d'abord la proposition et la discussion établissent deux partis, dont les opinions sont annoncées prématurément; d'un côté, celui qui propose et soutient, de l'autre, celui qui combat. Comment, après avoir ouvert leur avis, après avoir été les défenseurs ou les adversaires d'une proposition, peuvent-ils en devenir juges? enfin, comment peuvent-ils prononcer sur leur propre ouvrage?

Mais, si le droit de proposer et celui de discuter sont incompatibles, combien cette incompatibilité n'est pas plus frappante, lorsqu'on y voit réuni le droit d'adopter?

Si, après avoir discuté, la même autorité délibère, la chaleur de la discussion l'entraîne, l'esprit de parti l'égare, les passions l'emportent, et la loi n'a plus le caractère qui lui appartient, celui d'impassibilité, celui d'avoir été faite dans le calme et la réflexion.

Le Conseil des anciens avait, à la vérité, le

droit de rejeter une résolution vicieuse; mais le même inconvénient existait dans son organisation : il discutait aussi, et les mêmes orages qui avaient eu lieu au Conseil des cinq cents, s'y renouvelaient, les mêmes passions étaient mises en mouvement; la même influence décidait de l'adoption ou du rejet.

Tel était le pouvoir législatif de l'an 3;

Et tel est au contraire celui de l'an 8, que la proposition des lois ne lui appartient pas, mais au Gouvernement;

Qu'il est divisé en deux autorités, dont l'une discute et émet un simple vœu, l'autre fait la loi sans aucune discussion de la part de ses membres, après avoir entendu les orateurs du Tribunat et du Gouvernement.

Ainsi, la loi est proposée par l'autorité, qui seule en connaît la nécessité, et il en résulte qu'elle n'est proposée que lorsqu'elle est utile, qu'elle est telle qu'elle convient, telle que l'exécution en est reconnue possible.

Ainsi, elle est discutée par une autorité autre que celle qui la propose et l'adopte; ainsi, la chaleur de la discussion, les passions qui en sont inséparables, n'influent en rien sur son adoption ou son rejet.

Enfin, elle est adoptée ou rejetée par une autorité qui ne participe en rien ni à la proposition, ni à la discussion, dont le vœu par conséquent ne peut être influencé, puisqu'aucun de ses membres n'a pris part personnellement ni à l'une ni à l'autre.

La loi a donc aujourd'hui le caractère qui

lui est propre, sa formation n'est donc exposée à aucune influence, les passions inséparables de la proposition et de la discussion en sont donc écartées, le Corps législatif est donc un, jusqu'à l'émission de son vœu ?

Nous voici parvenus à l'organisation du Pouvoir exécutif, ou plutôt du Gouvernement ; car il est impossible de supposer un Pouvoir exécutif tellement distinct, qu'il doive être étranger à la législation, lui par qui tout se dirige, par qui tout mouvement est régularisé, lui qui sans cesse doit veiller à ce que tout se lie, tout s'enchaîne, tout concorde.

Nous avons démontré que la proposition des lois ne pouvait appartenir qu'à lui, ainsi nous ne l'examinerons que sous ses autres rapports.

Par la Constitution de l'an 3, ce pouvoir était confié à un Directoire, composé de 5 membres égaux en autorité, renouvelés chaque année partiellement par l'élection d'un membre.

Le Directeur sortant ne pouvait être réélu qu'après un intervale de 5 ans.

Et la nomination en était attribuée au Corps législatif.

Par la Constitution de l'an 8, le Gouvernement est confié à 3 Consuls, nommés pour 10 ans, et indéfiniment rééligibles.

Ils sont élus par le Sénat conservateur, parmi les citoyens compris dans la liste nationale.

Le premier Consul a des fonctions et des attributions particulières, dans lesquelles il est momentanément suppléé, quand il y a lieu, par un de ses collègues.

Il promulgue les lois, nomme et révoque à volonté les membres du Conseil d'état, les ministres, les ambassadeurs et autres agens extérieurs en chef; les officiers des armées de terre et de mer; les membres des administrations locales, et les commissaires du Gouvernement près les Tribunaux. Il nomme tous les juges criminels et civils, autres que les juges de paix et de cassation, sans pouvoir les révoquer; dans les autres actes du Gouvernement, le second et le troisième Consul ont voix consultative, ils signent le registre de ces actes, pour constater leur présence, et s'ils le veulent, ils consignent leur opinion, après quoi celle du premier Consul suffit.

Comparant maintenant le Gouvernement de l'an 3 à celui de l'an 8, je dirai:

Que pouvait être un gouvernement composé de 5 membres égaux en droits et en autorité, renouvelé chaque année par cinquième? Il n'était autre chose qu'un bureau délibérant, lorsque les fonctions de ce pouvoir sont d'agir et d'exécuter.

Que pouvait-il en résulter? Une lutte continuelle, une instabilité dans les principes, une bigarure dans le mode de gouverner, une exécution lente, des entraves perpétuelles.

L'opinion divergente des gouvernans, produisant l'opposition aux mesures, donnant de la force aux partis et aux factions, alimentant leurs espérances, leur remplacement fréquent donnant lieu à l'intrigue.

Obsédés de sollicitations, trompés par ceux mêmes en qui ils avaient confiance, l'un arrachait un marché avantageux dans lequel il était intéressé, l'autre une destitution pour placer son protégé. Celui-ci sollicitait une mise en liberté, celui-là une arrestation, etc.

Sans cesse assiégés et obsédés; occupés d'intérêts particuliers, d'objets du plus minutieux détail, l'ensemble du Gouvernement leur échappait; ils ne pouvaient se livrer utilement aux affaires générales.

Incertains sur la durée de leurs fonctions, exposés au hazard qui pendant plusieurs années a décidé de la sortie de l'un ou de l'autre, peu tranquilles dans leurs postes, puisqu'ils étaient en butte aux partis qui à chaque instant pouvaient les en faire descendre, leur était-il possible de gouverner avec cette assurance qui double le zèle et les moyens?

Ainsi dans l'intérieur, le Gouvernement faisait une foule de mécontens; au dehors il était sans confiance. Les puissances étrangères, voyant son instabilité, la versatilité de ses principes, qui provenaient non seulement du vice de son organisation, mais encore des atteintes fréquentes qu'il éprouvait, craignaient de traiter avec lui. Nos alliés mêmes étaient d'une réserve qui annonçait leur inquiétude.

Enfin, il ne présentait ni au Peuple français, ni à nos voisins, cette garantie nécessaire pour assurer d'un côté la liberté, la propriété et la sûreté, et pour établir de l'autre les liaisons ordinaires de voisinage et d'amitié, les relations politiques et commerciales qui font la gloire et la prospérité des nations.

Dans le Gouvernement actuel, au contraire, les pouvoirs sont combinés, de manière que l'instabilité des principes, la variation dans le mode de gouverner ne sont plus à craindre.

L'action est une, le mouvement prompt et rapide, la marche assurée.

Point d'entraves, point d'opposition à craindre. L'exécution n'est point subordonnée au vœu d'une majorité. Le second et le troisième Consul expriment leur opinion, et la décision du premier Consul suffit.

Qu'est-ce en effet qu'un pouvoir exécutif assujéti aux formes des délibérations ? C'est, comme nous l'avons déjà dit, une bureaucratie : et qu'en résulte-t-il ? Deux vœux contraires ; ce qui est en opposition avec (la nature du pouvoir qui est d'être *un*) parce que l'action doit être une, parce qu'elle doit être prompte et rapide.

En effet, quelle confiance pourrait inspirer à une puissance voisine, un traité d'alliance ou de commerce, adopté par trois membres d'un pouvoir exécutif, et rejeté par les deux autres ? Aucune. Elle aurait toujours à craindre que le parti des deux opposans ne vînt à prévaloir, et qu'il fût rompu dès l'instant que ces deux membres auraient prévalu, par la cessation des fonctions d'un des trois autres, et l'adjonction d'un nouveau, qui porterait dans le Gouvernement la même opinion que les deux premiers.

Elle aurait à craindre, d'ailleurs, que le traité ne fût pas fidèlement exécuté par l'opposition ou l'insouciance des deux membres qui n'y auraient pas consenti.

C'est donc dans la nature des choses, dans celle de ce pouvoir, que ses actes ne peuvent être assujétis au vœu d'une majorité ? C'est donc d'après ce principe, que la décision du premier Consul, après avoir avoir entendu ses deux collègues, a été déclarée suffisante ?

Et tombe-t-il d'ailleurs sous les sens, que la décision du premier Magistrat de la République puisse être en opposition avec l'opinion de ses deux collègues, qu'il rejette un vœu sage, une mesure utile, lui qui, par le poste éminent qu'il occupe, ne peut avoir d'autre objet, d'autre ambition que le bien général, la prospérité nationale; lui dont la gloire est liée étroitement à celle de la République ?

Non, sans doute, cette idée n'a pu venir dans l'esprit des auteurs de la Constitution, et rien n'a pu empêcher la consécration de ce principe, que le vœu du Gouvernement doit être *un*, que l'apparence même de la plus légère opposition doit en être écartée.

Et qu'on ne dise pas que l'autorité, dont la Constitution de l'an 8 a investi à cet égard le premier Consul, est sans limites.

L'autorité sans limites peut-elle être dans un gouvernement confié à trois membres revêtus du même titre, et qui participent tous les trois aux actes qui en émanent ?

Dans un Gouvernement où l'un des membres, hors de ses attributions particulières, ne peut rien sans le concours des deux autres, où l'opinion de tous est indispensable, où chacun a le droit de la consigner par écrit; dans un gouvernement tellement renfermé dans les limites constitutionnelles et dans les bornes de ses pouvoirs, que les Ministres sont responsables de tout acte signé d'eux, et déclaré inconstitutionnel par le Sénat; responsables de l'inexécution des lois et des règlemens d'administration publique; responsables, enfin, des ordres particuliers qu'ils ont donnés, si ces ordres sont contraires aux lois et aux règlemens? Peut-elle être dans un Gouvernement qui n'a pas le pouvoir de faire la loi, dans un Gouvernement environné de collaborateurs, tous choisis parmi les citoyens investis de la confiance du peuple, dans un Gouvernement, enfin, qui a au-dessus de lui un Sénat conservateur, un Tribunat, un Corps législatif?

L'autorité sans limites n'existe que là où le Gouvernement est confié à un seul. Ce n'est pas un chef, mais un maître; il n'a ni égaux ni collègues. Aucune autorité n'est placée au-dessus de lui; il tient le premier rang, et réunit tous les pouvoirs; il ne se borne pas à gouverner, il fait la loi; il ne s'environne pas d'un Sénat conservateur qui a le droit d'annuller ses actes, d'un Tribunat qui discute ses projets de lois, d'un Corps législatif qui a le droit de les rejeter; il ne subordonne pas au choix du peuple l'élection des Magistrats, il ne lui donne pas le droit de retirer de la liste des éligibles ceux dans lesquels il a placé sa confiance; il ne s'interdit pas celui de destituer les juges; ses actes sont irrévocables; il dit : *je veux*, et la loi est faite. Son droit d'élire les fonctionnaires publics est illimité; devant lui le peuple n'est rien.

Par la Constitution de l'an 8, au contraire, le peuple est tout, les premières autorités constituées, tous les fonctionnaires publics, les chefs du Gouvernement (leurs collaborateurs même, les Conseillers d'état et les Ministres), ne peuvent être choisis que parmi les citoyens dont il a fait choix, et qu'il a investis de sa confiance. Tout émane de sa volonté et de sa puissance; c'est en son nom que tout se fait.

Le droit de décision donné au premier Consul, étant limité aux actes du Gouvernement, qui d'ailleurs sont sujets à l'annullation du Sénat conservateur, ce n'est donc pas là l'autorité sans limites? Ce droit n'a donc d'autre objet que de consacrer ce principe, que le vœu du Gouvernement doit être un, comme son action est une, de détruire jusqu'à l'apparence de l'opposition, apparence qui n'est pas moins funeste que l'opposition même; en un mot, de donner au Gouvernement cette force d'opinion, cette force morale, à laquelle est attachée la confiance nécessaire pour gouverner au dedans, et sans laquelle il ne peut négocier au dehors?

Il est d'ailleurs de la gloire d'une grande nation, d'une république aussi puissante que la nôtre, il est enfin de la dignité du Peuple français, que le chef de son Gouvernement, celui qui le représente, soit revêtu d'une autorité telle qu'elle annonce la confiance qu'il a en lui.

De cette confiance nationale naît celle des peuples avec lesquels il traite, négocie, établit et entretient des relations; car il ne suffit pas à un peuple d'avoir un gouvernement pour lui et qui lui convienne, il faut qu'il soit tel que ses voisins y aient confiance.

Il faut en un mot que le droit privé de la cité s'accorde avec celui des gens, que les nations trouvent en lui sûreté, loyauté, assurance dans les engagemens.

Mais l'ambition peut être un jour à craindre ?

L'ambition, peut-on en redouter les effets, sous une Constitution qui présente autant de garantie ?

En est-il, lorsqu'on est le premier Magistrat de la République française, lorsqu'on est le chef d'un tel Gouvernement ?

Est-il quelque chose au-dessus de l'honneur de gouverner des hommes libres ?

Est-il un poste qui puisse lui être comparé ?

On peut commander à des esclaves, mais on l'est soi-même, puisqu'on n'en est que le chef.

Un tel titre est-il la gloire de celui qui en est revêtu ? Non, il n'en est que la honte.

Quelle gloire en effet peut réjaillir sur le chef d'une nation esclave ? Le peuple qu'il commande étant avili, n'est capable de rien de grand : chez lui les arts sont ignorés ou languissent ; les sciences sont inconnues, l'esprit n'a aucune élévation ; l'homme n'a point de patrie, il ne s'occupe que des premiers besoins de la vie ; son existence n'est qu'un passage de la vie à la mort.

Chez un peuple libre, au contraire, tout est grand, tout est sublime ; le génie de la liberté élève l'homme au-dessus de lui-même, il n'est rien qui lui soit impossible. L'agriculture et le commerce prospèrent; les sciences et les arts n'ont point de bornes; il découvre jusqu'aux secrets les plus cachés de la nature; le bruit de sa gloire ne s'arrête qu'aux limites du monde; ami des autres peuples, il voit en eux des frères, des égaux; il ne prétend à aucune supériorité sur eux, mais il ne souffre pas qu'on s'en arroge sur lui.

Guerrier invincible, il ne prend les armes que pour la défense de son territoire, de ses droits et de sa liberté; ami de l'humanité, ce n'est qu'à regret qu'il verse le sang; assuré de vaincre, il offre la paix avant le combat, vainqueur, il l'offre encore.

Tel est un peuple libre, telle est la gloire qui l'environne, telle est celle qui réjaillit sur son chef. L'être d'un tel Gouvernement, être le premier Magistrat de la République française, est le terme de l'ambition humaine; il ne peut en exister pour lui que celle de gouverner avec sagesse, d'accroître le bonheur du peuple, sa prospérité, sa grandeur.

J'examine maintenant les autorités qui participent à l'action du Gouvernement, sous sa direction.

Je vois un Conseil d'état, chargé de rédiger les projets de lois et les réglemens d'administration publique, de résoudre les difficultés qui s'élèvent en matière administrative, et de porter la parole au Corps législatif au nom du Gouvernement.

Des Ministres étroitement renfermés dans les limites constitutionnelles, et responsables de tous les actes signés d'eux qui y seraient contraires.

Des administrations locales, organisées par la loi, conformément aux principes constitutionnels.

La partie administrative séparée de la partie contentieuse.

L'une confiée à un Préfet par chaque département, l'autre à un Conseil de préfecture.

Enfin, l'action administrative devenue *une*, comme celle du Gouvernement dont elle émane.

Des Conseils généraux de département et d'arrondissement, chargés de répartir les contributions, et d'exprimer leur opinion sur l'état et les besoins de leur territoire.

Et par qui sont nommés tous ces fonctionnaires ? Par le peuple lui-même. Ils ne peuvent être élus que parmi ceux dont il a fait choix.

Quel est, on le demande, quel est le Gouvernement qui se soit astreint à ne choisir ses agens que parmi les citoyens que le peuple a désignés ?

La Constitution de l'an 3 n'avait certainement pas étendu aussi loin les droits du peuple, car le Directoire avait le choix illimité de ses Ministres et de ses Commissaires.

Si maintenant je porte mes regards sur la partie judiciaire, je vois une organisation plus conforme à la nature de ce pouvoir.

Les juges nommés à vie, non destituables, et n'ayant à craindre que d'être retirés de la liste des éligibles.

Le Tribunal de cassation élu par le Sénat conservateur, et les membres des autres tribunaux par le premier Consul.

La sagesse de la combinaison des pouvoirs se montre jusques dans la formation des différentes autorités.

C

Le droit d'élection attribué au Sénat conservateur, a pour objet les fonctions publiques supérieures, et celui donné au premier Consul, ne concerne que les fonctions qui sont sous la direction immédiate du Gouvernement.

Ainsi, les premières sont confiées à l'Autorité conservatrice de la Constitution, et les autres au Gouvernement; ainsi tout est balancé, tout est combiné avec une telle précaution, que l'influence du Gouvernement ne peut pas être à craindre, qu'on ne peut lui reprocher une trop grande autorité.

Ainsi, ont disparu les inconvéniens qui résultaient du renouvellement périodique des tribunaux; renouvellement évidemment en opposition avec la nature de ces fonctions qui exigent des hommes profondément versés dans la connaissance des lois, des hommes qui s'y livrent exclusivement, et y consacrent leur vie entière.

C'est par une telle organisation judiciaire que les organes de la loi deviendront, s'il est permis de s'exprimer ainsi, une loi vivante.

C'est dans de tels Tribunaux que la justice viendra établir son sanctuaire auguste, que la confiance, la considération et le respect environneront ses ministres.

Nous ne retracerons pas le tableau affligeant que présentaient la plupart des tribunaux, que le désordre, l'ignorance et l'esprit de vertige, avaient organisés.

Ils sont loin de nous ces tems, où l'on se persuadait que tout individu était en état de prononcer sur la fortune, l'honneur et la vie de ses concitoyens, où ces fonctions augustes étaient confiées à des hommes qui savaient à peine lire et signer leur nom, à des hommes qui, élevés dans un art ou une profession mécanique, ne rougissaient pas de jeter avec dédain, les instrumens utiles qui honoraient leurs mains, pour venir profaner le temple sacré de Thémis.

Et c'était-là cependant ce qu'on appelait *égalité des droits*? L'égalité des droits! Est-elle donc là où l'homme qui n'est pas apte à une fonction publique y est appelé, où celui qui y est propre, qui y a consacré toute sa vie, en est écarté? Non, c'est la violation de l'égalité des droits. Immortel Daguesseau! Si, à cette époque désastreuse, tu eusse été sur les rangs, oh! n'en rougis pas, un Georges-Dandin aurait eu sur toi la préférence.

J'ai prouvé que la Constitution de l'an 8 répare les maux que dix années de révolution et de désordres, avaient établis;

Que le mode adopté dans l'organisation des pouvoirs qu'elle a créés, assure le maintien des principes qui en sont la base;

Qu'elle a respecté ces principes fondamentaux du pacte d'un peuple libre, *souveraineté du peuple, système représentatif, liberté, égalité, république*;

Que loin de restreindre les droits du peuple, elle leur a donné plus d'étendue qu'ils n'en avaient par celle de l'an 3, en le faisant participer à l'élection de tous les fonctionnaires publics, en interdisant à toute autorité de les choisir ailleurs que sur les listes de confiance qu'il a formées, et de les conserver s'ils n'y sont pas maintenus ;

Que non seulement elle a consacré les droits du peuple, mais qu'elle lui en a assuré le maintien, et qu'ils ne peuvent être usurpés, ni par l'ambition ni par les partis ou les factions ;

Mais c'est là précisément son crime aux yeux de ceux qui en avaient fait leur patrimoine, qui voyaient dans celle de l'an 3 les moyens de satisfaire leur cupidité et leur ambition.

C'est là son crime aux yeux de ceux qui voyent échappés de leurs mains les moyens de renverser la Liberté, par les désordres de la liberté.

Les uns trouvent dans la Constitution de l'an 8 un terme à leur ambition ;

Les autres, leurs espérances déchues.

Vous leur direz vainement que par elle la souveraineté et les droits du peuple sont conservés, consacrés, même plus formellement qu'ils ne l'étaient auparavant. Vous ne les convaincrez pas : pourquoi ? Parce que ce n'est pas la véritable souveraineté du peuple qu'ils demandent, mais une souveraineté telle qu'elle puisse servir leur ambition. Leur nullité, voilà ce qui les accable.

Vous ne les convaincrez pas : pourquoi ? Parce que la Constitution de l'an 8 a détruit l'espérance des partis et des factions qui méditaient le renversement de la République, qui le fondaient sur le désordre des élections populaires, telles qu'elles étaient organisées ; voilà le motif de leur haine.

Et telle est la cause de leur mécontentement et de leurs attaques.

C'est ainsi que par des vues différentes, la même opinion est embrassée, et que les extrêmes se rapprochent.

Celui-ci ne voit la souveraineté du peuple que là où il peut la tourner à son profit; de République que là où il exerce quelques pouvoirs, et où il est revêtu de quelque autorité.

Celui-là soutient qu'elle n'existe pas dans une constitution qui ne lui présente pas les moyens de la renverser.

Hommes égarés! cessez, ah! cessez de troubler la tranquillité de votre pays! Dix années de division et de discorde ne suffisent-elles pas? N'est-il pas temps que votre malheureuse patrie respire, que tous ses enfans se rallient, que le Gouvernement trouve dans leur union, les moyens d'achever le bien qu'il a commencé! Songez aux maux affreux qui résultent des discordes et des dissentions civiles! Voyez vos familles, vos amis, vos concitoyens, qui tous aspirent à la paix, à la tranquillité! Réfléchissez à quel prix le Peuple français a conquis la liberté! Songez qu'il a prodigué ses trésors et le fruit de ses sueurs et de ses travaux, que le sang de ses enfans a coulé......

Républicains, que l'erreur aveugle, c'est surtout à vous que je m'adresse! Eh! ne voyez-vous pas que le royalisme profite de nos divisions, que sous le masque du républicanisme, il cherche à vous aigrir, à vous entraîner dans des pièges, qu'il vous confond avec lui? Qu'il a l'adresse d'éffacer cette ligne de démarcation qui vous sépare ?

Ah! faites, faites à la patrie le sacrifice de toute prétention, de toute ambition! Oubliez-vous, vous-mêmes; et ne voyez que le bonheur de votre pays! Ralliez-vous au Gouvernement, à cette Constitution immortelle qui assure la République et la Liberté! Jugez, par le bien qu'elle a fait, celui qu'elle peut produire, et dites comme ce sage de l'antiquité : *je rends grace aux Dieux qu'il y ait des hommes plus en état que moi de gérer les affaires publiques.*

Le vrai mérite n'est point oublié, il ne peut l'être sous un Gouvernement qui a autant d'intérêt de s'entourer d'hommes capables, sous un Gouvernement qui trouve sa gloire à protéger la vertu et rechercher les talens.

Que celui qui est revêtu des fonctions publiques les remplisse avec ce zèle, ce dévouement que la patrie attend de lui, et lorsque ses services ne seront plus utiles, qu'il retourne à son champ, et fasse des vœux pour la prospérité de son pays; qu'il soit toujours prêt à le défendre.

C'est ainsi qu'aux beaux jours de Rome, les Magistrats et les Guerriers déposant en d'autres mains le pouvoir qui leur avait été confié, devenaient de simples citoyens; ils ne voyaient que la patrie, et s'oubliaient eux-mêmes.

Rien n'égalait alors le titre de Citoyen de Rome : rien n'égale aujourd'hui celui de Citoyen français; ajoutons-y ce qui peut le rendre immortel, l'union, la concorde, l'amour des lois, celui de l'humanité.

Tel est le vœu du Gouvernement.

Tels doivent être les effets salutaires de la Constitution de l'an 8. Un an à peine s'est écoulé, et quels heureux changemens n'a-t-elle pas produits !

Ici devrait être rappelé le tableau que nous avons présenté de la situation actuelle de la République. Mais un autre non moins satisfaisant vient encore y ajouter.

Tout en ce moment retentit du bruit de nos victoires. L'ennemi lui-même implore la paix qu'il avait dédaignée, ou qu'une politique astucieuse lui faisait éluder.

Au mot de paix, nos armées suspendent leurs marches triomphantes.

Le bruit des armes ne se fait plus entendre; le sang a cessé de couler.

Déjà le Peuple français ceuille des lauriers, forme des couronnes pour orner le front de ses guerriers, il les entrelace de l'olivier pacificateur.

Les chants d'alégresse retentissent de toutes parts.

La fête de la paix commence.

Et le noir démon de la discorde, chassé du continent par le génie de la France, va cacher sa défaite, sa honte et sa rage dans les murs de la perfide Albion.

www.ingramcontent.com/pod-product-compliance
Lightning Source LLC
Chambersburg PA
CBHW061005050426
42453CB00009B/1260